As Owao

Where are you ?

flying
      flying
          flying

     on
        loves

i like
Bossing

Aperçues d'esquisses
de nouveauties for Shining Beauties

Loves Movies
Interview

Love times for loves Paradise i'm coming
to dream with you

So shining loves musics interview !

Take a Time to ear your Heart

On
Loves
Waves
Ocean

for you Beauties

Allo Africa Loves ?

Shining Music

Yes
on all Ways *(Interview)*

loves shining bass improvisation
on Paris mélodie loves
« play ! »

Africa shining loves song for you bisou

i'm
> **flying**
>> **to**
>>> **you**

You See

i must put Clock on Times
or Times on Clock

always dancing together
as flying Stars

why are you so Beautifull ...

yes

*Shining Woman
what are you doing there ?*

Yes !
Shining man is a Flying Man
flying on loves waves

Love inspiration
Paris

what else can i say ?

Shining
Loves
    As
        Shining
          Stars

loves Beauties

Les Chances qu'on ne m'a pas données, *Yes*, je
voudrais pouvoir les donner à d'autres

' Friends are Friends '

so Shining lights on Paris loves improvisation
for Shining Stars

Then After

Only
for Beauties

Only for Beauties

Chances
that means
freedom
then millions from
our Shining Master Peaces too
As Soon As posssible
will be better Shining Loves

' I like Bananas '
so funny Movie

Studio's Photo
so Shining Bananas

As soon as possible
i love you

yes

I

miss
You

soon shining loves

Tears Rolling on my heart *Yes*
i miss you Beauties

So famous Shining Worlds Concert in Paris

Bass improvisation

' now ! '

Listen well minute Seven imagine
a good shining sound…

Alive always
so shining hopes
for shining Worlds

Then flying so far away sometimes so lonely but
always shining loves hopes for you dreaming my
love dreams is coming

where you go, soon shining loves

Appears
so Shining Loves

for
lovely Beauties

You see

Ô
Love Times
for Love Paradise

You make me dreaming

So Shining loves

Bisou Bis

Dreaming
to yoooooooooou

loves Beauties

Acting Numbers or Numbers Acting

Des numéros
qu'on connaît par coeur
d'autres je voudrais oublier
parfois les mêmes

for
Shining man
always
new one
with Shining Beauties
Yoooooooooooooooooooooou
toujours on loves

most beautifull
will Be
yooooou

Be now dreaming to
yoooooooooou

Then now flying loves Movie on

« **40°** »

slaping Bass
improvisation speed
as mac five

Always flying
so far away for beauties

always flying so far away for Beauties

Yes

Worlds is Beautifull

Life is beautifull

Worlds is shining for Shining Beauties

Be
on Loves

what else ?

Ti Amore
Tutti Bambini

As Owao

On music loves Tempo
(shining interview)

Then so flying loves to say
' Petits mots d'Amour '

Music !

You see

                        joyce
Naomi   Jessica   Betsy
                                              lisa   Peace
      Love   Grace
            linda   ***You***   Princess
You too
                  jainaba   *Then*
                                    You

                        i love You

                  What is
                  your Name ?

Shining
  Beauties
  From
  everywhere

      for all shining Beauties

      everywhere on shining Worlds

I'm crying Loves

So shining Master Peaces

together on loves

' Où chante une rivière '

Orphée
Shining
on Worlds

Creating a shining Show Concert
on Paris for beauties

Orphée
Shining on Worlds
so loves Musicale Comedie

Soon on Stage for Shining Loves

So Good Shining Boss for Shining Beauties

As
shining man

Money Maker too

for Shining Beauties

Owao's Web

take a time to see

www

Why
are you
laughing like this ?

Loves Beauties

fuck

The Day i will leave this Country

You

one most beautifull from my Life

So

Bye   love

Bye   *Yes*   fly

By   What

What   a

ô

a   promise

Yes

Pleasure

So

m u c h

Why are you
laughing like this
(Rires)

Ô
fresh
as Loves Waves
Ocean

flying   Beauties

f u c k

You

You

So   *See*

now   I

money   have

                              i

Then   o t h e r

                        l i k e

papers   f l y   t h i n g s

                      B o s s i n g

for   t o   t o d o

f r e e d o m   y o o o o o u

allo?

A l l o ?

Ô

f r e s h

a l l   o

a s

lo v e s

Allo A l l   o

w a v e s

O c e a n

*So Shining
w a l l s*

**It's Ringing
R o y a l t i e s**

Shining Beauties

Author(e)'s
Rights
T o o

*Soon
millionnary*

the
m i l l i o n s
from
s h i n i n g
m a n

So shining interview
to enjoy p l a y i n g
m u s i c s
f e e l i n g c o m p o s i t i o n s

Now let's enjoy
this f l y i n g b a s s
on

' episode Two '

Always Bisou for you

A l l o
is
l i g h t
from
L i g h t

O r
Shining B e a u t i e s
flying L o v e s   **l i g h t**

t o
l i g h t

Life
a s
i   ma
l o v e

Chérie

Chérie

Sunny dance
for you

Movie !

Owao

Wao!

Do
Master Peace
all the Time

Before

always together
Beauties   to Be
                    Wonderfull
                    famous
    Begining   Artistcs
Shining   like this
on   like this

                              So
loves   Then

                          love
You   you know the   **Ô**   *ways*
See   Ways

                    You
    You

                    do
    hear   Master
                    Peace

    Ô

                    all

m y

tu   t h e

D r e a m s   e s

Times

come   tellement

thrue   *Y e s*   b e l l e   i

Y o u

l o v e

y o u

So lovely new one !
s h i n i n g   m u s i c   Owao is playing

' Giants saving little L i g h t s '

S h o w
B i s o u for Y o u

**Un J O U R
où t o u t recommense**

*So l o v e s W a v e s
B e a u t i e s*

Shining love interview
for shining Worlds

' 07 m i l l i a r d s
l o v e s l i g h t w a y s
for easy Worlds '

So

many

**' Remember All…
S e a F u t u r e s !'**   *l o v e s*

14

As Owao

s o n g s

'W o r l d s
P r o j e c t i v e P r o j e c t'

p o e t r i e s

t o o

Yes

Some Books from me

You can have a look on

www

**I do
beautifull
shining things
for shinings Peoples
since**

*my love
loves
loves Beauties*

*on loves waves
loves songs for you*

bisou bisou
loves
06 00 00 00 00
(33) 00 00 00 00 00
france

(à s u i v r e ...)

As Owao

L o v e
Songs
as
French
T o u c h

S i

so Shining Beauties

O n

C h a n t a i t

Tout
T o u t
pour   Mary loo   le
ma   t é l é p h o n e
                                p l e u r e
C h é r i e   Je
                     suis   La
J'ai   f o u   p r e m i è r e
                                                      Et
oublié   de   f i l l e
                                                en
de   V o u s   de

C h a n s o n

v i v r e
                                       ma
           Vous   V i e
           les   e v e r
           f e m m e s   f o r
                                       e v e r

i'm dancing for my Beauties

Yes
Ye e e e e

16

Ô
h a p p y
love
    on
l o v e s
s h i n i n g
    w a y s

l o v e s w a v e s		it's
B e a u t i e s		n e v e r
	Y o u	t o o
	S e a	l a t e
Then		
Y o u	*Y e s*	to
i f y o u		B e
look at	I will d o	h a p p y
m c	s o m e t h i n g	
like	Y o u	
		A s
t h i s	w i l l	
	e n j o y e	y o u
	l i f e	l o v e

l o v e S o n g for you

t o u j o u r s
b e a u c o u p
Bisou

Owao
is
C r e a t i n g
l o v e s
R i c h e s s e s
Since

As Shining man
es artes   *Y o u*
for   *S e a*
Shining Beauties

so

                    T h e s i s

m a n y

a l r e a d y

         B o s s i n g
Synthesis   for
Overview   f r e e   *B l o g*
        S h i n i n g *d e*
        W o r l d s *B l o g s*

     B l o g
     S h o p s   S e r v i c e s
f o o d   A s k s
   G o o d s   P r o d u c t s
       A l l
            M o n e y
  c r e d i t   c o m p u t e r
  C a r d s W o r l d s
       P o s t

f r e e f r o n t i e r e s

h a p p y

P e o p l e s

Shining man is able to see futures
very f a r a w a y

S i n c e
so l o v e s s h i n i n g f e e l i n g s
a l w a y s s u c c e s f u l l i d e a s
On l o v e s l i g h t s W a y s
for Shining Beauties

On shining music

' 70 cents (part I) '

Please call me in france
(33) 00 00 00 00 00
06 00 00 00 00

So
Go l d e n
l o v e s
s h i n i n g
S p r i n g s

f l y i n g t o g e t h e r l o v e s b e a u t i e s

A l l

f o r

l o v e s

one
millions   Some
a   at ten   *Y o u*
p a g e   or

19

will
hundred *enjoy*

W h y *l o v e*
a r e *a l l*
y o u *y o u r*

Y e s

s o *l i f e*
b e a u t i f u l l ?

d r e a m s
l o v e

T r u e
A l w a y s **c o m i n g**
i s

A l l o
A l l o

i l o v e y o u

**l o v e s m u s i c f o r
b a b i e s T i m e s**

j ' a i

l o v e s B e a u t i e s

t r o p
You p l e u r é
Sea

S i
l ' o n
m ' a i m e e t
e n c o r e l ' o n
i c i v e u t A l o r s
m e q u ' o n
v o i r m ' a i d e

r e v e n i r   d ' a b o r d
à
e n p a r t i r

p l e a s e   h e a r
t h i s   l o v e s m u s i c
f o r   B a b i e s   T i m e s

f o r

y o u

shining loves
f l y i n g B e a u t i e s

When
i
don't have
f r e e d o m

When
i don' t have   When
m o n e y   L o v e   there is risks
m i l l i o n s   C â l i n   on
B i s o u   my head
l o v e s

i am no happy

S o let's e n j o y e o n
O r p h é e's l o v e S t o r i e s

When a day is arriving
what a day
so shining day
a day for lovers
yes

i l o v e   y o u

Who Will Save Shining Man ?

l o v e s   B e a u t i e s

$$
\begin{array}{l}
\qquad\qquad\qquad\qquad\qquad \textit{W h o} \\
\qquad\qquad\qquad\qquad\qquad \textit{W i l l} \\
\qquad\qquad\qquad \textit{\textbf{Y o u}} \qquad\qquad \textit{S a v e} \\
\qquad \text{So} \qquad\quad \textit{\textbf{S e a}} \\
\qquad\qquad\qquad\qquad\qquad \textit{S h i n i n g} \\
\qquad\quad \text{Shining} \qquad\qquad\qquad \textit{m a n} \\
\qquad\quad \text{A r t i s t e} \qquad \text{o n} \\
\qquad\qquad \text{f l y i n g} \qquad \text{l o v e s} \\
\textit{\textbf{B e}} \\
\qquad\qquad\qquad\qquad \text{w a v e s} \\
\textit{\textbf{m a y   B e}} \\
\qquad\qquad\qquad \text{O   c e a n} \\
\textit{\textbf{Y o u}}
\end{array}
$$

e n j o y   w i t h

' F l y i n g   B i r d s '
so love d a n c e

Ô

f l y i n g   l o v e s   d r e a m s
w o r k i n g
B o s s i n g
c r e a t i n g
a l l t h e T i m e s

So Good l o v e s   m a n a g e r   too
Cool on l o v e s   w a v e s

I must tell you after all this attempts to
my life freedom
i wrote

' Journal de Justice '
in 5 volumes

for a real love light shining Justice
shining on Worlds Universes

Yes

Et une Thèse Thesis

' Grand Oiseau '

s o   s h i n i n g   o n e

then always
je chante love songs for you

Dis-moi

Oui
      Oui

Oui

W h a t
w e
d o

l o v e l y

n o o o w ?

l o v e s B e a u t i e s

A g a i n
s o m a n y   I ' m
t u   Master Peace

e s   P a g e s   d a n c i n g
J o l i e

Oui   d a n c i n g
Yes

J e   d a n c i n g
m ' e n
v a i s   a v e c
s o u s   m a
l e s   s w i m i n g
C o c o n u t s   P o o l

listen
' B a b y l o v e's s o n g '

Dis-moi
Oui
Oui Oui   *y e e e e*
ma
c h é r i e
C h é r i e

Dis-moi
               Yes
Oui
oui oui
O u i
Ô oui
Ô oui
Ô o u i
        C o m e

POP UP

e a s y f l i r t e a s y f l y

As Owao

e n j o y e f l y i n g m u s i c
S h i n i n g F l y i n g man

De

f o r

l'eau

avec

S h i n i n g

des

B i s o u

vitamines

B e a u t i f u l l

B e a u t i e s

Always talking talking
on loves music
(interview)

So fl y i n g enjoy f l y on

' I like playing music '

t o g e t h e r l o v e
bisou l o v e s

O n
l o v e s
when i will
s e e y o u

Ô

loves Beauties

i

love

i   *You*
        Sea

You

love

life

Soleil
levant

You
hear   *Then*
                    beaucoup
                    Bisou
                        bisou
                        loves

**Stay
Alive**

Stay
So shining loves   Alive
Beauties

Yes

en
une
phrase   je
    chaque   bouleverse

j o u r   l e   d e u x
           m o n d e
                 m o t s
               p e u t - ê t r e
                t r o i s
      i
     l o v e   o u
     Y o u
             u n
           s e u l

Song slow on Paris

« listen … »

Ô
Peoples
wants   P e a c e
l i v e   p l e a s e
                 Or
o n   P e a c e
               l o v e
P e a c e   on
              t h e n
       l o v e s
             p e a c e
      w a v e s

l o v e
s t o r i e s
in f r e n c h

            L o v e
Shining Beauties
             S t o r i e s
Yes

in

You

french

Shining   ***Sea***

man

creates   **for**   *on*

Shining

m i l l i a r d s   **s h i n i n g**   *A l l*

man

milliards   **P e o p l e s**   *W o r l d s*

changes

loves   l o v e s   *Y e s*

on

l i g h t s

better

s h i n i n g

l i f e

W a y s

for millions

m i l l i o n s   saving

p e o p l e s

millions

m i l l i o n s

l i f e s

loves music in

' Everything '

for you

You

hear

Ô

four

dreaming

Four   euro   but

hopes

as   in   always   for

flying

four   my   so

far

Words   pocket   shining

away

today   l o v e

to

y e s

escape

l a w y e r s

Yes

w h e r e   Always

a r e   f l y i n g

on

y o u ?   t o g e t h e r

loves

p a r a d i s e

A Worlds Tour
on l o v e s
Shining
ways

Ô

loves loves Beauties

l o v e

You

S t a r

e a r

is

e l l e

d r e a m i n g

se

l o v e s

déshabille   Always

avec   d r e a m i n g

on
le   a   l o v e s
v e n t   baby l o v e   w a v e s
She   O c e a n
comes
from   A p p e a r s
f a r a w a y   d e s a p p e a r s   e l l e
to see   On love
est
me   On line   b e l l e

tellement
it's
b e l l e

s n o w i n g
on
kilimandjaro

All
l o v e s songs
from Owao
this draws
for Beauties
t o o

je
l o v e   v a i s
Times   On   bientôt
a l l
for   s h i n i n g   p a r t i r
the
l o v e s   s p a c e   c r y i n g
d a y
p a r a d i s e   l o v e s

f l y i n g
Soon
so   *i*

f a r   *l o v e*
a w a y   *y o u*

Y o u
are
so S h i n i n g
W h y ?

Ô

always
for e v e r
beau t i e s

Y o u
Y o u   **S e a**
are
so
                      W h a t

s h i n i n g
                      a
       y o u
                      difference
       t o o
                      So
n o   y o u
t h e m   understand
                      w h y

     fu c k
     y o u

let's e n j o y flying dance on
Owao's music

Océan de chagrin
Survivre le cœur en sang
Tu vois cet océan

            for

C'est les larmes que j'ai versées

y o u
so o n
Y e s

S i n c e
i
know
y o o o o o u

f l y i n g
B e a u t i e s

Y o u

S e a

I
don't   Ô
k n o w   s i n c e   So
w h a t ' s   i   f l y i n g
happening   k n o w   f a r
on   yo u   a w a y
m y
l i f e

Y o u
                               Shining
are
                               h o p e s
s o
                               a l l
Ô   c h a r m i n g
                               a r o u n d
a g a i n   *Y e s*
                               W or l d s
e v e r y w h e r e
step by step   *To*
P e o p l e s   *B e*

R e v i v a l s   *h a p p y*
on
l o v e s
s h i n i n g
W a y s

P l e a s e

for

B i s o u

Y o u

B i s o u

b i s o u

b i s o u

You
h a v e
C h a n c e
to have your
f r e e d o m

Ô

Chance

l o v e s
B e a u t i e s   for

freedom

	When	hello
H e l l o	i	n i c e
nice Pilotes	s e e	
		passagers
beautifull	**a plane**	have
hôte s s e s	**f l y i n g**	a nice
		t r a v e l
de	**on**	you
l ' a i r	**l o v e s**	have
		To
	shining	c h a n c e

be

W a y s

in this

p l a n e

for you
O w a o ' s improvisation

' F l o w e r s '

Chance
to discover   *Y e s*   A f r i c a
  others   *a l l o*
                                  A i r lines
s h i n i n g   *A l l o*
  P e o p l e s

Shining Man
is *TOP secret man*

so f l y i n g l o v e s

TOP

B e a u t i e s

S e c r e t

y o u
tears   *S e a*   Some
R o l l i n g   times
                          R u n i n g
  t o g e t h e r   *i feel*
                          after
  on   *Runing*   *so*
                          my
s h i n i n g   *l o n e l y*
                          B e a u t i e s

l o v e s   *Runing*
                 f l y i n g
        Ô   *l o v e s*
   R u n i n g
                                Always
      alone   **for**
        in   **y o u**
   the Street   **so**
    c r y i n g   **s h i n i n g**
    l o v e s   **l o v e**

                              dreams

           Owao's TOP secret
                 interview

               Don't cry
            i have courage
               for You
    So
          far
     so
      n e a r
         on
           l o v e s

                              So

   Shining
   B e a u t i e s   far

                                    s o

                                     n e a r
                           Y o u
      On   *l o v e s*
   est bien souvent   *o c e a n*

35

plus proche
from   à
someone   des milliers
                                                voir
somebody   de kilomètres
                                    que   même
                 ou de miles   de son
                                                d'un
                              p r o p r e
                                                frère
         W h y   v o i s i n

                  W h y ?

               So magics
               shining
               pictures

                                        W h y ?

      Ce pays...   So l o v e s
    plus rien d'autre   e m o t i o n s
                                                on
qu'un immense chagrin...   flying
                                        l o v e s

                                  w a v e s

             Then what about
             S c i e n c e s ?

                Soon
         l o v e l o v e s
           B e a u t i e s

36

As Owao

You

soon *love loves*
Beauties   *sea*

really ?

           I

Bien   asked   ***Ô***
souvent   help help   ***ici***   Je
j'ai pensé   help   ***j'ai trop***   n'ai
                                      plus
à toi   since month   ***souffert***
                                    rien
                                  Partir
maintenant   month   ***maintenant***   à
                                  loin d'ici
je dois   month   ***j'ai***
                                  vous dire
                                  ne
partir   Years   ***d'autres***
                                  rien
                                  plus
         Year   ***Rêves***
                                  d'autre
                                  jamais
         years
                                  que
                                  revenir

                                je veux
Yes
                                partir
other Song   After
i wrote   they   for
                                then
        arrested   the   So
        me   third   crying
                       Royalties
     A   time
                                injustice

new
interview

for

Author(e)s

for

Rights

loves
shining Movies

Always   Ô

Other   flying   S h i n i n g
dreams   on   l o v e s
yes   l o v e s   together
B e a u t i e s

i wrote another
little shining Book

« Writings for Freedom »

f l y i n g
to
the
t o p

my
l o v e s   To
S h i n i n g
B e a u t i e s   t a k e

b a n a n a s

So   Ô
young   *Y e s*   l o o k
i'm   **looking**   looking

On

climbing   **at**   l o o k i n g

shining

to the top   **all**   at

s k y s

on   **around**   so far

feeling

the   **worlds**   away

so

most   **trying**

shining

beautifull   **to**

W o r l d s

trees   **forget**
in   **my**
l a n d s c a p e

solitudes

for you
this shining movie

Soleil levant   (part 2)

from Paris

Yes
i   climbing   or
will   on   Coconuts
change   trees   for
my   to   you
job   take
bananas

S o l e i l
d ' a m o u r
Shining   man

Ô

flying
loves
B e a u t i e s

Rêve

de

neige

Si
je

Soleil

n'avais   J'aurais
  pas   à   peut-être

d ' a m o u r

écris   ce   écris
    moment autre   i
     là   chose   l o v e
                   y o u

so funny
' Baby L o v e s '
Song

I ' m

One

comii i iiiii i i i i n g

minute
p l e a s e

Shining
l o v e s

under
arrest

Poor

Shining b e a u t i e s

Shining

man

Y o u

e a r

So
many
attempts

to

to   I

arrest

Artiste's   prepare   When

me

freedom   files   everything

one

l o v e   for   is

first

human's rights   lawyers   ready

time

my life   Embassy   suddenly

in

too   to   they

P a r i s

ask   come
Justice

Ô

my

Come

W o r l d s   Ô

Bisou

is   poor

for

most   Shining

you

shining   man
beautifull
than
them

Bye

i

f l y

to

y o u

Bye

B y e

B y e

f l y i n g

m a n

f o r

Bye   l o o o v e l y

s h i n i i i n g

i

B e a u t i   e   s

f l y

t o

yo u

B y e

Bye

Bye

b y e

music on

See

Sea

As Owao

Be

Be

(secret meaning...)

l o v e
is
l o v e

So

for

funny

love l o v e s

love

ever loves
B e a u t i e s

elle			**Life**
me	*Come*		**is**
dit	elle		
			beautifull
viens	vient	On	
			so
come	me	va doing	
			beautifull
she say	dire	loves	
			together
la vie		*Yes*	
			dreaming
est			
			Baby
B e l l e			**l o v e**
	So		
			Yes
	funny	for	
	love	live	
	yes	l i f e	

Shining
yes   l i f e
s h i n i n g
l o v e

It's
t i m e
yes
y e s
y e s

for
acting
B e a u t i e s

You
sea

I
say   for

They

now   my   I

say yes
it's   babies   say   i   *yes*
time   now you   need   *yes*
They   see   investments
say *yes* my   to do

But
yes   shining   my

still
yes   feelings   ideas

no
for   on

freedom
shining   Big l a r g e

still
Worlds   shining

not
l o v e s

44

the

Now   U n i v e r s e s

millions

i   *yes*

from

say

our

i

so shining

have

master Peaces

shining

y e s

ideas
for
California

Owao
is playing on

' Moon is Beautifull '

Music !

Music ! !

                               fuck

They   Then   **You**

say   *yes*   i   **i**

yes   *tell*   answer

must

yes   *us*   **Yes**   **l ea v e**

l i v e

too

S'envole
on
l o v e s

loves

Shining
Beaut i e s

en
son
Au   cœur
moment   on   l ' a m o u r
de   l o v e s
partir   a l w a y s
s'envole

t o i

p o u r
toujours
Yes   beaucoup
B i s o u

All
is
i m p o r t a n t
my
l i f e
t o o

loves   A l l
B e a u t i e s   is

my
important

life

t o o

Too
much
bad peoples   After   **because**
                  i am
                              flying
search   spying   **happy**   *soon*
                              loves
troubles   my   **on**
                         successfull
                            w i t h
to me   h o m e   **loves**
                          Beaut i e s
in this City   **shining**
                    Ways

                        So
        to do   **when**
We
    They   this   **Rules**
change
    have   attempts   **no**
Games
    no   to   **Good**
    Rights   my
            freedom

During
this
T i m e

    yes
                      BeCause
Shining   *for*   ***Y o u***
                      of
man   *loves*   ***S e a***
                      them
    Beaut i e s

i

Since

want

Times   All

your

i'm waiting   this

loves

for my   millions

shining

Royalties   shining

dreams

millions

yes   *can*
be
J'en ai   *reals*

Because   assez

on

of   de perdre mon

shining

them   ma vie ici

L i f e

Since

A cause
d'eux   Ô

during

this

Time

Owao

is playing on

48

i miss you